d

SEID FRIEDLICH
MIT
LORIOT

DIOGENES

Herausgegeben von Susanne von Bülow, Peter Geyer
Buchgestaltung: Our Art Is Ltd.
Katharina Seebacher
Alle Rechte vorbehalten
Copyright © 2023
Diogenes Verlag AG Zürich
www.diogenes.ch
100/23/68/1
ISBN 978 3 257 02190 5

AB DIE POST!

»Achtung ... Briefe, Postkarten, Einschreiben, Nachnahmen, Pakete, Päckchen – Feuer ... frei!«

»Verdammt – da kommt die Nachnahme zurück!«

»Das ist heute schon die zweite Postwurfsendung!«

»Eduard – die Post ist da!«

»Mistviecher – demolieren die besten Wolken,
und Post kriegen wir doch keine.«

»Rohrkrepierer! – Immer die Schweinerei
mit den gegorenen Konserven …«

1

2

3

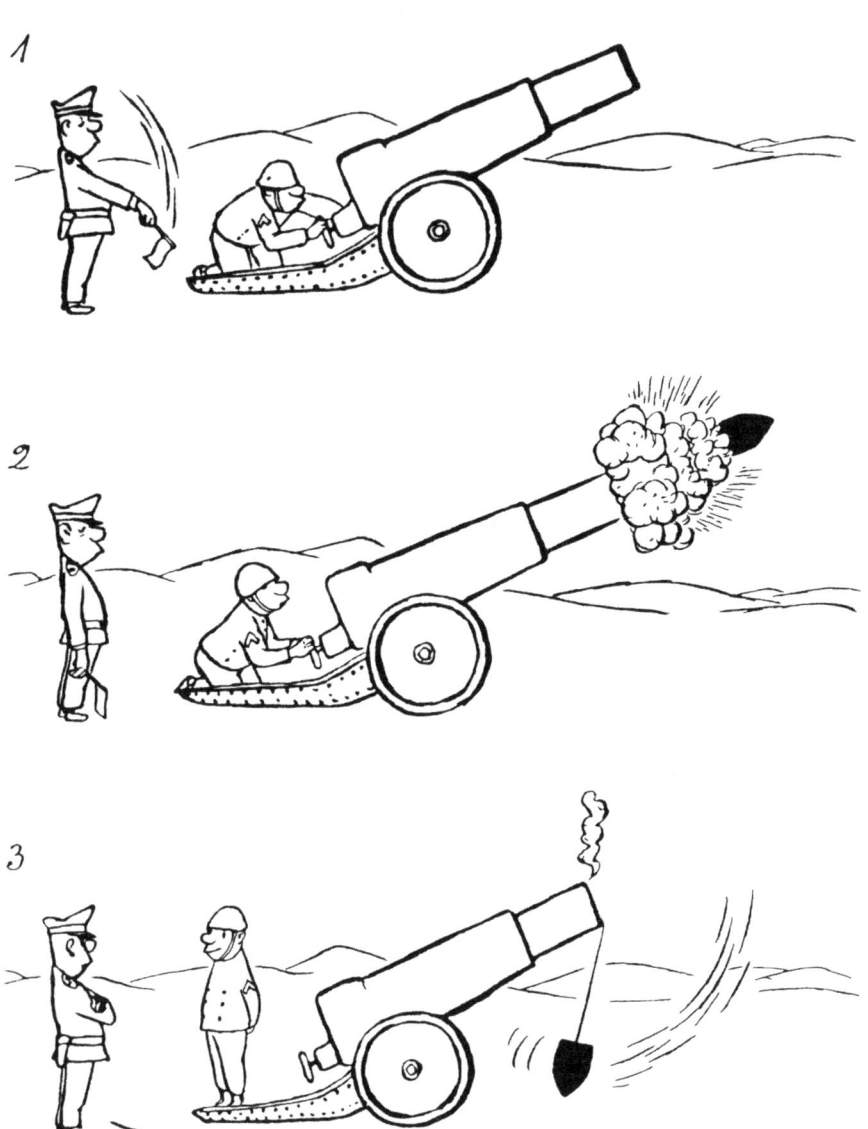

1

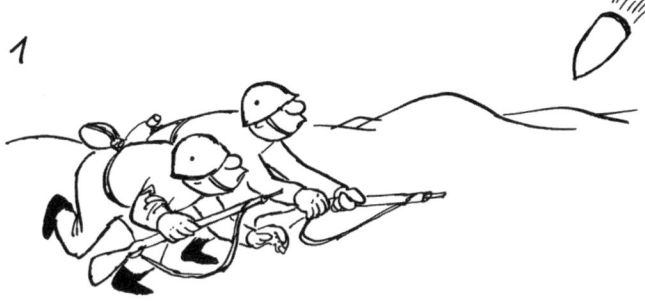

2

3

1

2

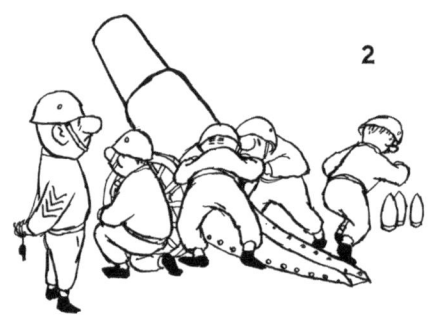

3

4

5

RAKETEN FÜR JEDERMANN

Zu tief angebrachte Treibsätze (A) beeinträchtigen die Freude am neuen Gerät. Trotz hohen Energieverbrauchs legen Sie nur unbedeutende Entfernungen zurück (B). →

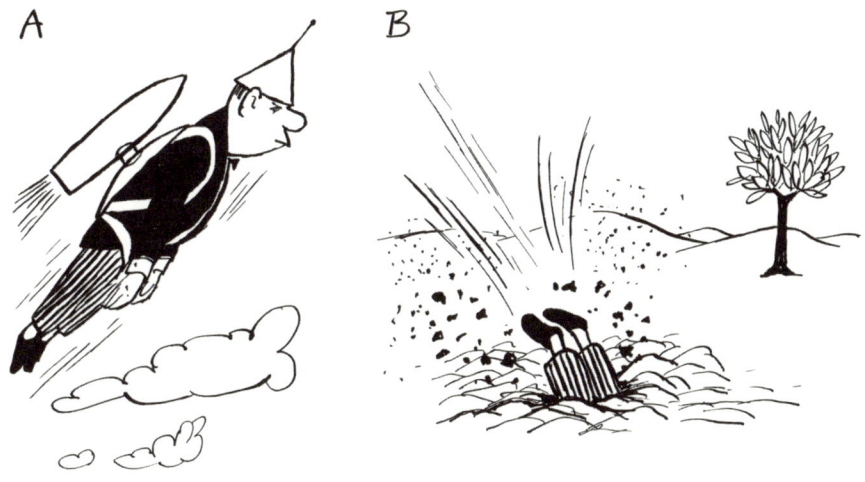

Am meisten gefragt unter den gängigen Typen ist gegenwärtig die ›Jupiter privat‹. Ihr gefälliges Äußeres (A) versöhnt mit der Tatsache, dass das Landeproblem noch nicht endgültig gelöst ist (B). →

Ferner ist für Besitzer des einfachen Modells, das auch von Damen gern getragen wird, Vorsicht geboten bei Rauchern und offenem Licht. Versehentliche Berührung der empfindlichen Zündmasse mit einer glimmenden Zigarette zwingt Sie zum unfreiwilligen Verlassen der Gesellschaft in Schallgeschwindigkeit. →

Anspruchsvolle Raketenfreunde bevorzugen das Mehrstufengerät
›Monika‹ (mit Schwundausgleich). Frau Gisela P. (31) befindet
sich nach geglücktem Start mit diesem Modell auf ellipsenförmiger
Bahn um die Erde. Sie rechnet mit einer Flugzeit von 250
Jahren und einem mittleren Erdabstand von 85 000 Kilometern.
Zurzeit steht sie im Sternbild des Großen Bären.

1

2

3

TROCKENKURSUS

Die in einer Kaserne am Stadtrand einquartierte Marine-
Lehrkompanie hat mit ihren Übungen begonnen ...
Wie verlautet, sind die Konstruktionspläne für Schiffe
bereits in Arbeit. $\longrightarrow$

»Hilfe!!!«

»Ich will aber nicht mehr U-Boot sein!«

»Bedenken Sie, Mann, wie sich das im Ernstfall auswirken würde …!«

»Auf See ist Tarnmaterial freilich nicht immer zur Hand …«

ADMIRAL   GROSSADMIRAL URGROSSADMIRAL

FASCHING BEI DER BUNDESWEHR

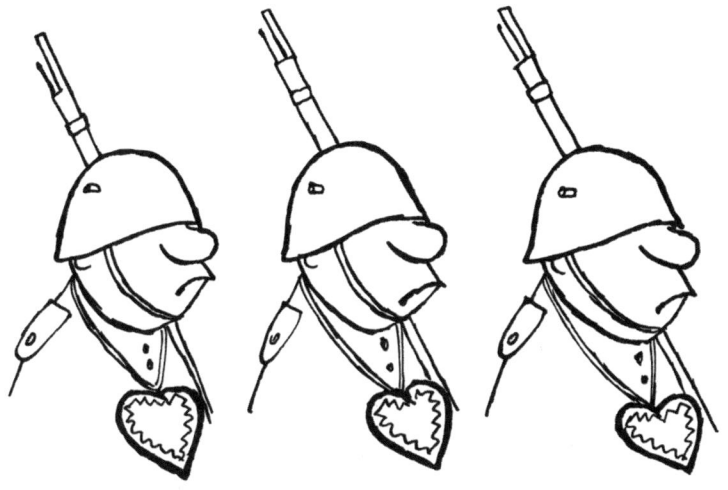

»Endlich kann ich mir mal 'n Strauß an den Hut stecken!«

»Stimmung in der Truppe ist vorzüglich, Herr Oberst!«

»Er findet sich so am lustigsten …«

DER MODISCHE SOLDAT

Erst durch das Tragen von Uniformen macht das Militär jene kriegerischen Auseinandersetzungen möglich, die man gemeinhin als »Niederlagen« bezeichnet. Luftige Kleidung mit persönlicher Note zerstreut dagegen die Bedenken des argwöhnischen Feindes und verhilft zu schönen Überraschungserfolgen.

Ein Bonner Modeschöpfer schuf diese entzückende Kampfkombination in altrosa Baumwollrips. Das leicht angekrauste Beinkleid betont die Hüftlinie. Ein sportlich geschnittenes Oberteil mit Dreiviertelarm vervollständigt den jugendlichen Eindruck (A). Nabelfrei und mit knapper Popeline-Bluse eignet sich das St.-Tropez-Modell für Geländeausbildung an heißen Tagen (B). Aus jasminfarbenem Kunstseiden-Crêpe ist der kleine Abendanzug des Offiziersanwärters (C). In schlank machendem Schrägschnitt fällt der Stoff weich von der Schulter, wo er durch eine Medaille (PFEIL) gehalten wird.

A   B

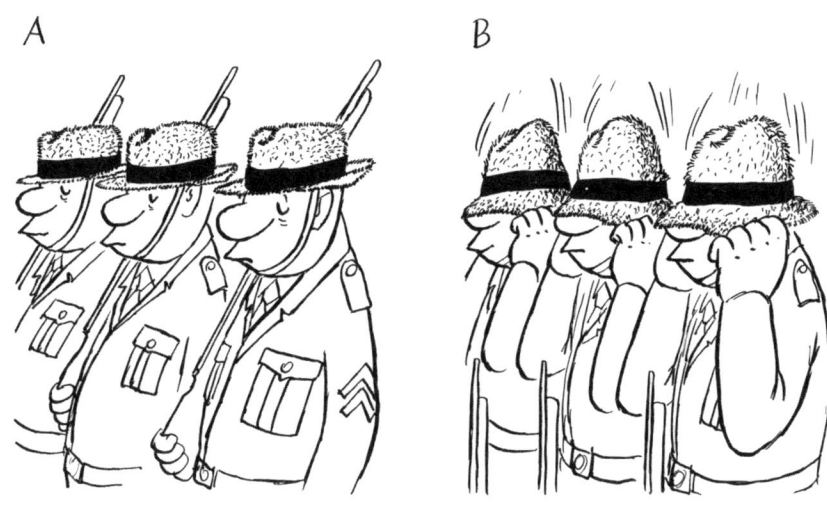

Die unliebenswürdige Form des Stahlhelms verletzt das modische
Empfinden des jungen Soldaten. Ein formschöner Filzhut mit
Stahleinlage unterstreicht trotz aller Eleganz die männliche Note (A)
und vermittelt bei plötzlich auftretender Gefahr ein angenehmes
Gefühl der Geborgenheit (B).

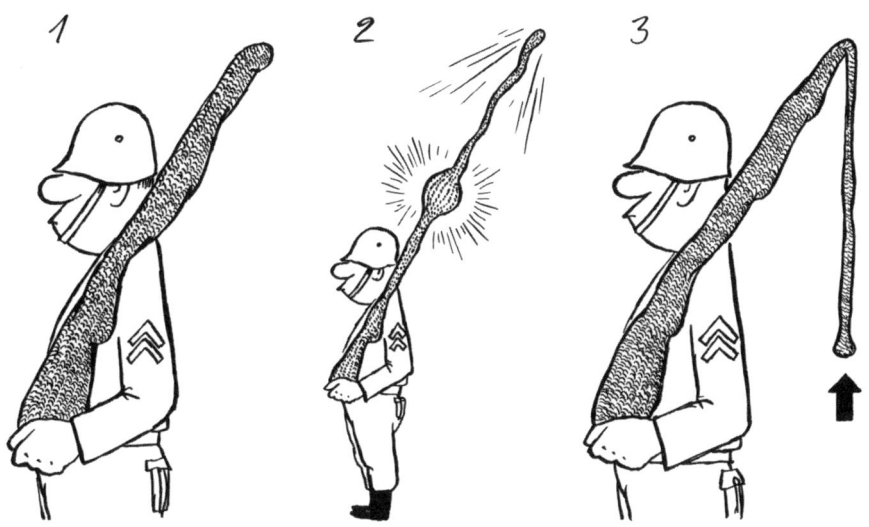

Der ribbelfeste Gewehrwärmer aus reiner Schafwolle (1) ist der
Stolz des Soldaten. Er hält die Waffe handwarm und bringt
durch seine hohe Elastizität jeden versehentlich gelösten Schuss
(2) in den Besitz des Schützen zurück (3). Der ›GW 61‹ ist
lieferbar in den Farben Hellblau (für Herren) und Rosa (für Damen).

A   B   C

Der große Paradeanzug vereinigt im Sommer schmückende
historische Elemente mit moderner militärischer Kargheit.
Zur Wahrung der Disziplin werden die Modelle streng nach
Dienstgraden unterschieden. Zwischen einfachen Soldaten
(A), Hauptleuten (B) und Generälen (C) ist eine Verwechslung
künftig ausgeschlossen.

Der obenstehende Ausschneidebogen gibt Angehörigen aller
Truppenteile und interessierten Kreisen der Zivilbevölkerung
die Gelegenheit, auf dem Modesektor der Landesverteidigung
wertvolle Mitarbeit zu leisten. Uniformteile ausschneiden,
auflegen und nach Belieben auswechseln. Mach mit – die
Bundeswehr wird dir dankbar sein!

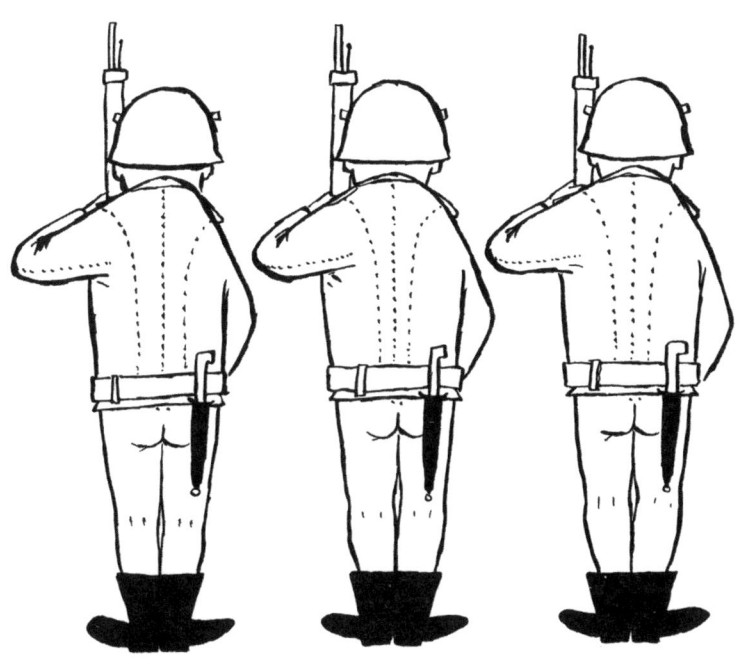

POPPES PANZERTEST

Die Bundeswehr wird in Kürze mit einem neuen Panzertyp ausgerüstet. Ausschlaggebend für den Ankauf dieses Modells war das Gutachten von Poppe & Co. Auf Bitten des Bundesverteidigungsministeriums hat unsere Firma in pausenlosem Tag- und Nachteinsatz die technischen Eigenschaften des Kampffahrzeuges getestet. Das Ergebnis wird auf Wunsch vieler militärisch interessierter Leser hiermit veröffentlicht. →

Das Beschleunigungsvermögen des Kampfwagens macht ihn allen Konkurrenten überlegen. Am Stadtrand von Hannover glückte, mit unserer Sekretärin Fräulein Kleinschmitt am Steuer, trotz Kaltstart eine Beschleunigung auf 55 Stundenkilometer in 6 Sekunden. Gärtner Klaus H. (PFEIL) bestätigte uns dieses Ergebnis schriftlich. →

Die Lenkung des neuen Panzertyps arbeitet mit äußerster Präzision. Während einer Testfahrt durch Süddeutschland gelang uns eine Geradeausfahrt von 12,5 km, ohne einen einzigen Zentimeter vom Kurs abzuweichen. Auch vonseiten der Zivilbevölkerung brachte man dieser Leistung große Bewunderung entgegen. →

An Geländegängigkeit übertrifft der neue Panzertyp alle seit 1916
im Handel befindlichen Modelle. Wenige Handgriffe genügen,
um mit dem Wagen mühelos auch schwerste Hindernisse zu
nehmen, die nach den bisherigen militärischen Erfahrungen
als unüberwindlich galten. Die selbsttragende Karosserie fördert
diese Eigenschaft. →

Die Federung des Kampfwagens kann nach eingehender Prüfung auf der Teststrecke als ausgewogen bezeichnet werden. Dennoch ist im Interesse der westlichen Verteidigungsbereitschaft das Überfahren von Bodenwellen (PFEIL) nach Möglichkeit zu vermeiden, da die Befestigung des Turms offensichtlich noch nicht voll ausgereift ist. →

Ein unverschuldeter Zwischenfall, verursacht von einem Kleinwagen durch Nichtbeachtung der Vorfahrt, bewies uns die hervorragende Verarbeitung des Panzers. Während das Zivilfahrzeug starke Wirkung an Stoßstange, Nummernschild und Kotflügel zeigte, war dem Kampfwagen nicht das Geringste anzusehen. →

Wir verliehen dem neuen Bundeswehrpanzer das Prädikat »besonders wertvoll«.

POPPES SEELISCHE
SOLDATENBETREUUNG

Ein kürzlich in Bremen zusammengetretener wehrpsychologischer Fachausschuss forderte die ständige seelische Betreuung des deutschen Soldaten. Wegen der außergewöhnlichen Empfindsamkeit unserer Feldgrauen kam für diese wichtige Aufgabe nur geschultes Fachpersonal infrage. Auf Wunsch des Bundesverteidigungsministeriums leistet seit kurzem die Firma Poppe & Co. seelisch besonders labilen Bundeswehrangehörigen psychotherapeutischen Beistand. $\longrightarrow$

Seelische Schwierigkeiten im Gelände beseitigt Poppe & Co. durch
die leichte Feldcouch (L.F.C.) ›08/63‹. Schütze Otto B. klagte über
unerträgliche Abneigung gegen Geländedienst bei feuchter Witterung.
Nach sofortiger psychotherapeutischer Behandlung durch W. C.
Poppe (PFEIL) und 72 Stunden hypnotischem Tiefschlaf robbte Otto
freiwillig 250 Meter durch tiefen Morast. →

Schwere Angstzustände gegenüber dem Ausbilder beeinträchtigen die Dienstfreudigkeit. Die Poppesche Schutzengelmethode mildert die Furcht von Ausbildungshärten. Schon bei der ersten Anwendung der neuen Therapie durch W. C. Poppe und Fräulein Kleinschmitt überkam den Gefreiten Günther Sch. (PFEIL) innige Zuneigung zu seinem Vorgesetzten und ein ganz neues Exerziergefühl. →

A

Geringe Körpergröße (1,15 m) verursachte bei Stabsfeldwebel
Erwin M. quälende Minderwertigkeitskomplexe vor der
Truppe (A). →

Durch engen psychotherapeutischen Kontakt mit Herrn Brammel
gewann Erwin noch am selben Tage ein vielbewundertes Maß
an Sicherheit und Selbstvertrauen (B). Er plant die nachträgliche
Ablegung der Reifeprüfung und das Einschlagen der aktiven
Offizierslaufbahn. →

Die seelische Vereinsamung des Uniformierten ist aufgrund eigener psychologischer Tests nur durch engen Kontakt mit der Zivilbevölkerung zu verhüten. Die Armeepsychologen Poppe & Co. führen daher sofort die zivile Grußpflicht gegenüber Bundeswehrangehörigen aller Dienstgrade ein. Die Kräftigung der militärischen Psyche sollte jedem Bundesbürger ein freudiges Anliegen sein. →

Einen Nervenzusammenbruch erlitt Brigadegeneral Maierlein, Kommandeur des XXXXVIII. Schlachtfliegergeschwaders, infolge eines von ihm verursachten tragischen Zwischenfalls (PFEIL). Mütterliche Wärme im Soforteinsatz durch Fräulein Kleinschmitt erzielte eine starke psychologische Wirkung und gab dem General seinen gewohnten Kampfgeist zurück. Der Wahlspruch des XXXXVIII. Schlachtfliegergeschwaders lautet seither: *Für einen Poppe gibt es kein Unmöglich.*

NOTSTAND MIT POPPE

Der skandalöse Mangel an Handwerkern und arbeitswilligen Fachleuten aller Art hat zu Erscheinungen geführt, die als katastrophal bezeichnet werden müssen. Als Firma von Weltruf konnten wir unsere Ohren den Hilferufen verzweifelter Hausfrauen nicht länger verschließen. Unser rasch ins Leben gerufener Poppescher Notstandsdienst hat sich schon in den ersten Tagen seines Bestehens eindrucksvoll bewährt. →

A

Ein vom Sturm gelöstes Hochspannungskabel überließ in den
Abendstunden des letzten Donnerstags die 12 865 Haushalte des
Eisenbahnknotenpunktes Neustadt a. d. Pinne lähmender
Dunkelheit und gestörter Fernsehfreude. Das Ausbleiben des
einzigen Elektrofachmannes mit Hochspannungskenntnis
veranlasste die Stadtväter, die Firma Poppe & Co. um Hilfe zu
bitten. Wir waren in wenigen Stunden an der Schadensstelle
und betrauten Fräulein Kleinschmitt damit, das Kabel wieder
ordnungsgemäß zu befestigen (A). →

Leider erlitt Fräulein Kleinschmitt während ihrer Instandsetzungs-
arbeit trotz größter Aufmerksamkeit von Herrn Brammel und
mir (MIT BRILLE) einen leichten elektrischen Schlag aus der 220 000–
Volt-Leitung, der sie figürlich ungünstig veränderte (B). Nach
geglückter Reparatur traten wir in froher Stimmung den Heimweg
an (C).
PS: Daheim ließ sich Fräulein Kleinschmitt in einer Wanne
handwarmer Seifenlauge mit einigen Tropfen Arnika in 3 ½ Stunden
quellen und fand so rasch in ihr altes Format zurück. →

Die glaubwürdige Versicherung einer Würzburger Hausfrau und Mutter, sie ersticke im eigenen Müll, bewog uns, umgehend in die fränkische Residenzstadt zu reisen. Vom Anblick der dort seit Wochen nicht geleerten Mülleimer stark beeindruckt, begannen wir sofort mit der Arbeit (A).   →

Eine günstige Straßenbahnverbindung zum Stadtrand (35 Minuten) erleichterte uns die verantwortungsvolle Aufgabe nicht unwesentlich (B). Nach 128 Fahrten waren sowohl dieser als auch alle anderen Haushalte in der Mozart-, Bach- und Händelstraße müllfrei. →

A

Ein anderer schwerer Fall führte uns nach Heidelberg. Obwohl das Rentnerehepaar Seidl (PFEIL) wegen starker Schäden am einzigen Sitzmöbel seit Monaten zum Stehen genötigt war, hatte sich bislang kein Polsterer zur Reparatur entschließen können. Die Notstandsstaffel der Firma Poppe brachte die Angelegenheit mit wenigen Handgriffen fachmännisch in Ordnung (A). →

Das erneute Auftreten des Schadens ist ausschließlich auf das ungewöhnliche Temperament und mangelhafte Couchgefühl der alten Leute zurückzuführen (B). →

A

Ein ständig tropfender Wasserhahn in Wuppertal und eine ge-
wisse Unsicherheit in Installationsdingen zwangen uns, den
einzigen uns bekannten nicht ganz voll beschäftigen Klempner
persönlich aufzusuchen. Er befand sich auf einer Gesellschafts-
reise in Ägypten und leistete der Aufforderung, uns umgehend
nach Wuppertal zu begleiten, nur ungern Folge (A). →

B

Neun Stunden später war er an Ort und Stelle und einsatzbereit (B).
Merke: *Für einen Poppe gibt es kein Unmöglich.*

Rechnung:
Flug nach Kairo für 3 Personen hin, für 4 zurück   Euro 7246,–
Hotelspesen   Euro   180,–
Tagesspesen   Euro   490,–
1 Dichtungsring einsetzen   Euro   4,50
                                        Summe   Euro 7920,50

UMGANG MIT MONARCHEN

Da unsere einheimischen Monarchen vorübergehend nicht amtieren, sehen sich die deutschen Bürgerfamilien gezwungen, ihre untertänige Verehrung auf die gekrönten Häupter des Auslands zu konzentrieren. Um dem in höfischem Zeremoniell zwangsläufig unerfahrenen deutschen Menschen peinliche Formfehler und politische Krisen zu ersparen, seien hier einige Faustregeln angeführt, die im Umgang mit regierenden Fürsten nicht außer Acht gelassen werden dürfen. →

Radelnde Monarchen in vollem Ornat befinden sich auf Staatsbesuch und sind mit Jubel willkommen zu heißen (A). →

Abgelegte Reichsinsignien (PFEIL) und bürgerliche Kopfbedeckung deuten auf inoffiziellen Aufenthalt. Die Begrüßung durch die Bevölkerung bleibt freundlich, doch dezent (B).

Monarchen in Ausübung ihrer Regierungspflichten schätzen es nicht, mit Handschlag begrüßt zu werden. →

Wer dem Souverän hingegen hochachtungsvoll auf die Schulter klopft, vermittelt dem einsamen Herrscher das Gefühl, vom Volke geliebt zu werden.

FALSCH

Speisenden Monarchen, denen ein Missgeschick unterläuft, ist mit äußerstem Takt zu begegnen. Laute Zurechtweisung des hohen Gastes und grobe Worte sind ein Zeichen mangelhafter monarchistischer Herzensbildung. →

RICHTIG

Durch eine kleine humoristische Geste ist – bei allem gebotenen Respekt – die Angelegenheit schnell bereinigt.

Schon durch unbedeutenden Husten setzen Monarchen
ihre Krone aufs Spiel. →

RICHTIG

Umsichtige Landesväter vermeiden mithilfe einfacher Mittel
eine unnötige Krise der Monarchie.

Auch vorüberschwimmende Monarchen haben Anspruch auf
Huldigung vonseiten der Bevölkerung. Hier entspricht jedoch
schon eine ehrerbietige Verneigung im Winkel von 90 Grad
den Bestimmungen des höfischen Zeremoniells.

1

2

3

4

POPPES KANZLERSCHUTZ

Die starke Überlastung aller bundesdeutschen Geheimdienste
führte zu grober Vernachlässigung der persönlichen Sicherheit
unseres Bundeskanzlers. Auf Grund eines geheimen Kabinetts-
beschlusses übernahm daher die Firma Poppe & Co. den Schutz
Dr. Adenauers. Mit allerhöchster Genehmigung und der Bitte
um Diskretion berichten wir heute über unsere ersten Maßnahmen
in Bonn und Cadenabbia. →

A

Die leichtsinnige, auffällige Art, mit der Konrad Adenauer sich täglich von seinem Rhöndorfer Heim nach Bonn begab, war von uns nicht länger zu verantworten (A). Seit Mitte Februar sorgt Poppe & Co. für einen unbemerkten Transport des Bundeskanzlers … →

B

… an seine Arbeitsstätte im Palais Schaumburg (B). Die geschickte
Tarnung des Regierungschefs (PFEIL) und unserer Sicherheitsorgane
(LINKS Herr Brammel, RECHTS Fräulein Kleinschmitt und Wilhelm
C. Poppe) gewährleistet eine störungsfreie Bewältigung der 15-Kilometer-
Strecke und vermittelt dem Kanzler schon vor dem täglichen Arbeits-
beginn das Gefühl jugendlicher Elastizität.   →

A

B

Drohender Höllenmaschinen- oder Vergiftungsgefahr aus dem täglichen Posteingang begegnen wir mit einem neuen System. Das an den Kanzler adressierte Postgut wird zunächst mit äußerster Vorsicht feucht behandelt (A), anschließend einer zweiten sorgfältigen Prüfung unterzogen (B) … →

… und erst nach weiterer vierwöchiger scharfer Beobachtung dem Kanzler zur vorsichtigen Lektüre empfohlen (C). →

Zur täglichen Routinearbeit der Sicherungsgruppe Poppe gehört
die Abschirmung der Bonner Arbeitsräume des Regierungschefs
gegen verdächtige Besucher. Schon am ersten Abend machten
wir mit wenigen Handgriffen drei Herren unschädlich, die nach
Büroschluss gewaltsam zum Kanzler vorzudringen suchten. Gemäß
ihren Personalpapieren handelte es sich um den Innenminister (1),
den Außenminister (2) und den Wirtschaftsminister (3). Wir
haben uns entschuldigt. →

Wegen der Sorglosigkeit des greisen Kanzlers beim Auftreten in der Öffentlichkeit gestaltete sich die Sicherung seiner Urlaubstage in Cadenabbia (Oberitalien) zu einem ungewöhnlichen Problem. Nur durch die Verwirklichung einer scharfsinnigen Idee von Fräulein Kleinschmitt gelang es, die Bevölkerung bezüglich der wahren Person des Bundeskanzlers zu verwirren und somit die Gefahr einer Belästigung nahezu auszuschließen. Wir verweisen in diesem Zusammenhang auf das bekannte Kanzlerwort: *Für einen Poppe gibt es kein Unmöglich*.

MENSCHEN, DIE MAN NICHT VERGISST: MÖRDER CLAUS H.

Claus hat sich trotz schwerer Kindheitserlebnisse
(sein Urgroßvater starb früh) gut in die Wohlstands-
gesellschaft eingelebt. Menschliches Interesse für
seine Opfer und geistige Regsamkeit machen diesen
Mann jedem unvergesslich, der ihm einmal beruflich
oder privat begegnen durfte.   →

»Ich glaube fast, Sie erschweren mir meine Arbeit absichtlich!«

»Wir üben für eine Leistungsschau der Wasserschutzpolizei …!«

»Der ›D87‹ hat nur 1. Klasse und Speisewagen …«

»Ach – das ist nur so eine Marotte von mir …«

REFORM IM STRAFVOLLZUG

Seit Jahren steht eine gründliche Reform unseres überalterten Strafvollzugs im Mittelpunkt des öffentlichen Interesses. Juristische Kreise in Bonn, Interessengemeinschaften fortschrittlicher Staatsanwälte, Richter und Strafverteidiger vertreten gemeinsam die Ansicht, ein mit Schwung und Phantasie geplantes Verbrechen müsse ebenso geistreich geahndet werden, wie es verübt wurde. Im Folgenden erlaube ich mir, einige Fälle aus der jüngeren kriminalistischen Vergangenheit herauszugreifen und mit Vorschlägen für einen ebenso zeitgemäßen wie abschreckenden Strafvollzug zu versehen. →

A

Karl-Heinz Br. (23) beraubte im Jahre 1958 mit großem Erfolg sämtliche Kreissparkassen in Nordrhein-Westfalen, wobei er sich mit einem Damenstrumpf ebenso pikant wie furchterregend maskierte (A). →

B

C

Vorschlag: Da kein Anlass zur Milde besteht, müsste Karl-Heinz verurteilt werden, sich fünfzehn Jahre von seiner Berufskleidung nicht trennen zu dürfen (B UND C).

Viktor M. (37) überfiel bis zu seiner Verhaftung alleinstehende
Damen auf einsamem Heimweg und zwang sie zur
Entgegennahme unerwünschter Zärtlichkeiten. Vorschlag: Das
Oberlandesgericht in Kassel sollte ihn dazu verurteilen, sechs
Jahre für einen bequemen Heimweg der Betroffenen zu sorgen.

1

2

Günter D. (29) war bis vor Kurzem als gefürchteter Spezialist für Autofallen zwischen Celle und Hamburg tätig (1). Vorschlag: Über Günter wird eine langjährige Strafe im Dienste des Fremdenverkehrsvereins Lüneburg verhängt (2).

A

Elfriede K. (41), führende Warenhausdiebin Hannovers, verscherzte sich durch übertriebenen Berufseifer die Nachsicht der zuständigen Behörden. Vorschlag: Elfriede könnte als Blickfang im Schaufenster der Lederwarenabteilung (A) … →

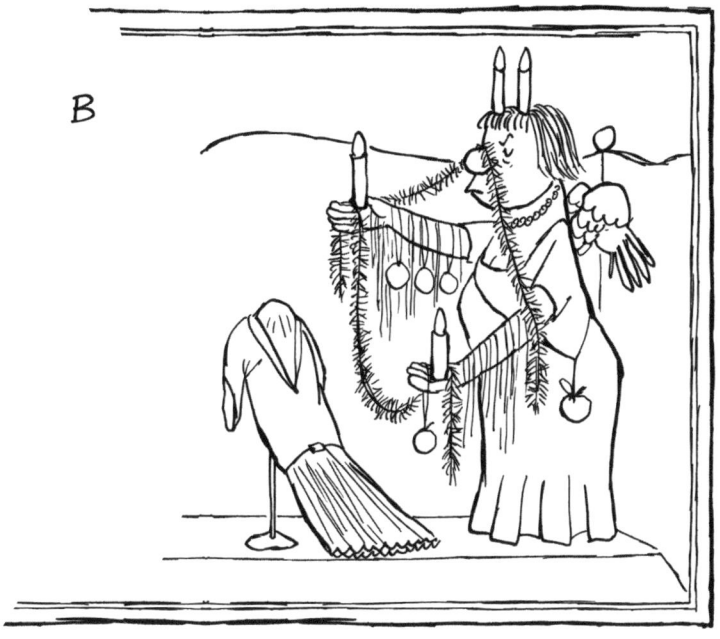

... sowie als festliche Dekoration in den Adventstagen (B) monatelang nutzbringend untergebracht werden, ohne den ihr lieb gewordenen Wirkungsbereich verlassen zu müssen.

Sein angenehmes Äußeres wurde Wolfgang W. (42) zum Verhängnis. Unter Vorspiegelung zukünftigen Eheglücks prellte er Damen aus allen Bevölkerungsschichten um Schmuck, Ehre und Bargeld. Vorschlag: Ein verantwortungsfreudiges Gericht könnte Wolfgang dazu zwingen, allen seinen Verpflichtungen nachzukommen. (Bei guter Führung wäre eine Begnadigung zu lebenslänglichem Zuchthaus anzuempfehlen.)

1

2

3

SEID WACHSAM

Diese Bildfolge richtet sich ausschließlich an Mitglieder des Bundestages. Die jüngsten Ereignisse lassen eine kurze Aufklärung über das Agenten-Unwesen und seine Bekämpfung notwendig erscheinen. →

Sofortige Prüfung verdächtiger Elemente ist das A und O wirksamer Spionageabwehr. A: Es handelt sich um einen feindlichen Agenten. O: Wahrscheinlich nicht.

Beispielhaft ist die vorbeugende Maßnahme des Bundestags-
abgeordneten Eberhard Pf. gegen Abhörgeräte. Nun kann er in
seinem möblierten Bonner Zimmer ruhig schlafen.

Einige Beispiele aus den tückischen Methoden der gegnerischen Spionagetätigkeit.

1: Schreibmaschinen-i-Punkt (vergrößert und Originalformat), in den die lückenlosen Defensivpläne der westlichen Streitkräfte auf Mikrofilm eingearbeitet sind.

2: Kragenknopf mit atomarer Kernladung, die totale Verwüstung im Umkreis von mehreren Metern anrichtet.

3: Haare (Verwendungszweck bisher unbekannt).

4: Agent unter Veloursteppich (stark verkleinert).

Die Abteilung für Oberbekleidung im Verfassungsschutzamt hat eine Bestimmung ausgearbeitet, die jede Agententätigkeit im Rahmen des Bundestages erschweren, wenn nicht unmöglich machen soll.

POPPE RETTET ABU SIMBEL

Durch die Anlage des Stausees bei Assuan (Ägypten)
würde der berühmte Tempel Abu Simbel für immer von
den Fluten des Nils überspült. Die ägyptische Regierung
und die UNESCO betrauten Poppe & Co. mit der Rettung
des unersetzlichen Kulturdenkmals. Wilhelm C. Poppe
berichtet persönlich über den Verlauf der Arbeiten. →

Die dreitausendjährige Tempelanlage von Abu Simbel
vor der Verlegung durch Poppe & Co.   →

Nach umfangreichen Vorbereitungen begannen wir mit der
Hebung der vier Statuen des Ägypterkönigs Ramses II. aus dem
Hochwasserbereich. Der erste Versuch Fräulein Kleinschmitts,
die Kolossalfiguren im ganzen Stück zu heben, scheiterte am
Gewicht des antiken Objekts. Ramses blieb sitzen. →

Da sich die Kleinschmittsche Methode als unvorteilhaft erwiesen hatte, zerkleinerten wir das zwanzig Meter hohe Kunstwerk in handliche Teile (1), deren Verlegung nach oben (2) auch in Anbetracht der herrschenden Hitze weniger Anstrengungen verursachte. →

Monatelange Arbeiten, die Übermenschliches von den Angehörigen
der Firma Poppe forderten, führten zu einem triumphalen Erfolg.
Unsere Abbildung zeigt W. C. Poppe, Fräulein Kleinschmitt und Herrn
Brammel vor den geretteten Monumenten. Letztere wurden für
kunsthistorisch interessierte Touristen deutlich beschriftet. Die ange-
setzten Verlegungskosten von 140 Millionen Euro überschritten wir
um kaum zehn Prozent. Merke: *Für einen Poppe gibt es kein Unmöglich!*

WEITERE BÄNDE IN DIESER REIHE

WAHRE LIEBE
MIT LORIOT

KINDERFREUDEN
MIT LORIOT

TIERFREUDEN
MIT LORIOT

WEIHNACHTEN
MIT LORIOT

FAHRVERGNÜGEN
MIT LORIOT

DURCHS JAHR
MIT LORIOT

IM WAHLKAMPF
MIT LORIOT

REISEN
MIT LORIOT

EIN HUNDELEBEN
MIT LORIOT

KOCHEN & GENIESSEN
MIT LORIOT

FREIZEIT
MIT LORIOT

WOHNEN
MIT LORIOT

DURCH DIE WOCHE
MIT LORIOT

ZURÜCK ZUR NATUR
MIT LORIOT

SCHÖNER LEBEN
MIT LORIOT